Impressum
Verlag: BABADADA GmbH, Nedderfeld 112 , 22529 Hamburg
Geschäftsführer / Verlagsleitung: Harald Hof
Druck: Books on Demand GmbH, In de Tarpen 42, 22848 Norderstedt

Imprint
Publisher: BABADADA GmbH, Nedderfeld 112 , 22529 Hamburg, Germany
Managing Director / Publishing direction: Harald Hof
Print: Books on Demand GmbH, In de Tarpen 42, 22848 Norderstedt

# skola
# okul

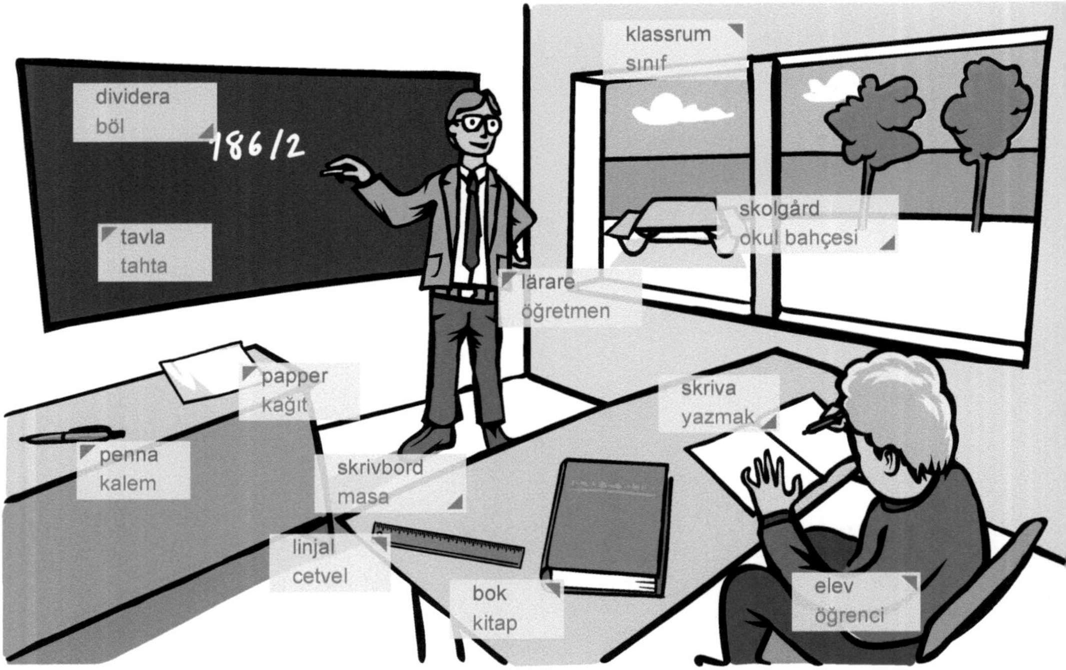

klassrum
sınıf
dividera
böl
186/2
tavla
tahta
skolgård
okul bahçesi
lärare
öğretmen
papper
kağıt
skriva
yazmak
penna
kalem
skrivbord
masa
linjal
cetvel
bok
kitap
elev
öğrenci


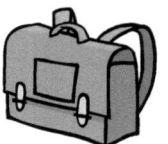

skolväska
okul çantası

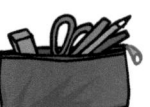

pennfodral
kalemlik

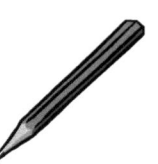

blyertspenna
kurşun kalem

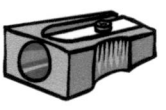

pennvässare
kalem açacağı

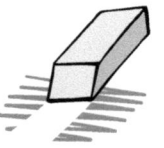

suddgummi
silgi

ritblock
çizim defteri

teckning

çizim

pensel

resim fırçası

målarlåda

boya kutusu

sax

makas

lim

tutkal

övningsbok

alıştırma kitabı

hemläxa

ödev

tal

sayı

addera

ekle

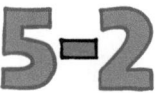

subtrahera

çıkar

multiplicera

çarp

räkna

hesapla

bokstav

harf

alfabet

alfabe

ord

kelime

text

metin

läsa

okumak

krita

tebeşir

lektion

ders

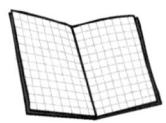

register

kayıt

prov

sınav

intyg

sertifika

skoluniform

okul forması

utbildning

eğitim

uppslagsverk

ansiklopedi

universitet

üniversite

mikroskop

mikroskop

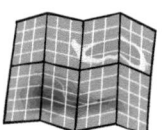

karta

harita

papperskorg

kağıt çöp kutusu

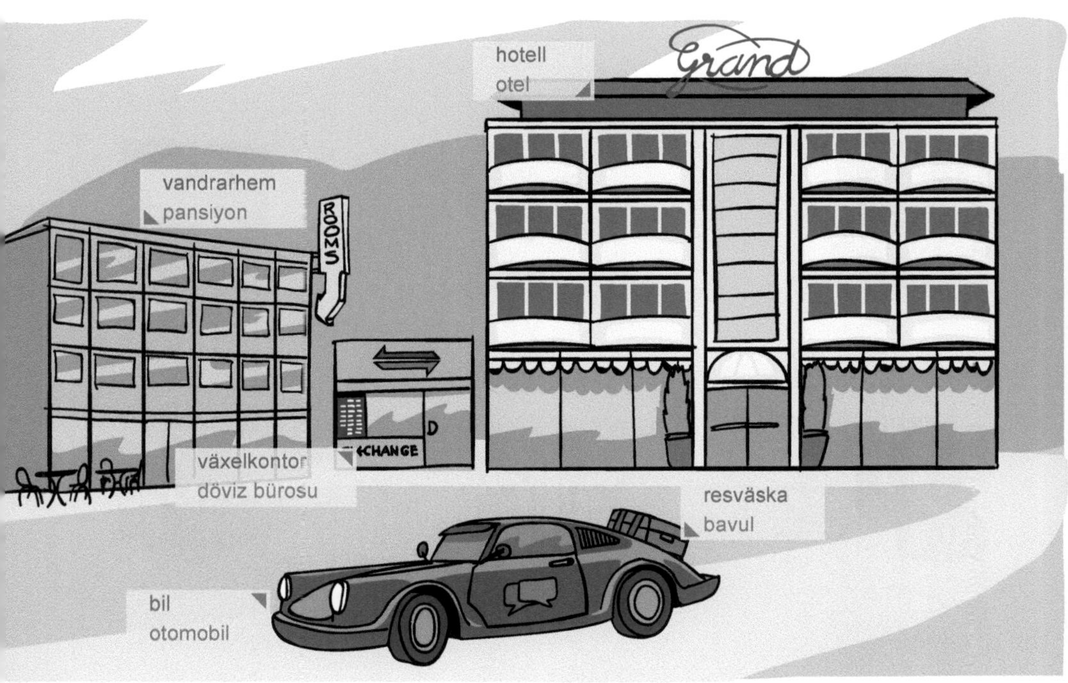

hotell
otel
Grand
vandrarhem
pansiyon
ROOMS
EXCHANGE
växelkontor
döviz bürosu
resväska
bavul
bil
otomobil

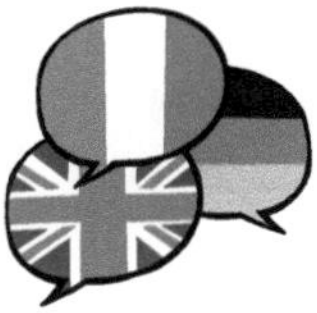

språk

dil

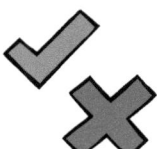

ja / nej

evet / hayır

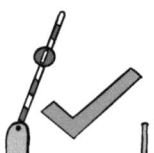

Okay

Tamam

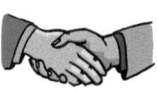

hej

merhaba

översättare

çevirmen

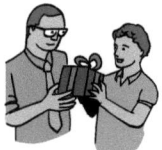

Tack

Teşekkür ederim

hur mycket kostar...?

bu ... ne kadar?

jag förstår inte

anlamadım

problem

problem

God kväll!

İyi akşamlar!

God morgon!

Günaydın!

God natt!

İyi geceler!

hejdå

güle güle

riktning

yön

bagage

bagaj

väska

çanta

ryggsäck

sırt çantası

gäst

misafir

rum

oda

sovsäck

uyku tulumu

tält

çadır

turistinformation

turist danışma

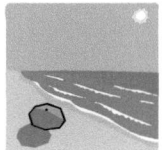

strand

sahil

kreditkort

kredi kartı

frukost

kahvaltı

lunch

öğle yemeği

middag

akşam yemeği

biljett

Bilet

hiss

asansör

frimärke

pul

gräns

sınır

tull

gümrük

ambassad

elçilik

visum

vize

pass

pasaport

# transport
# ulaşım

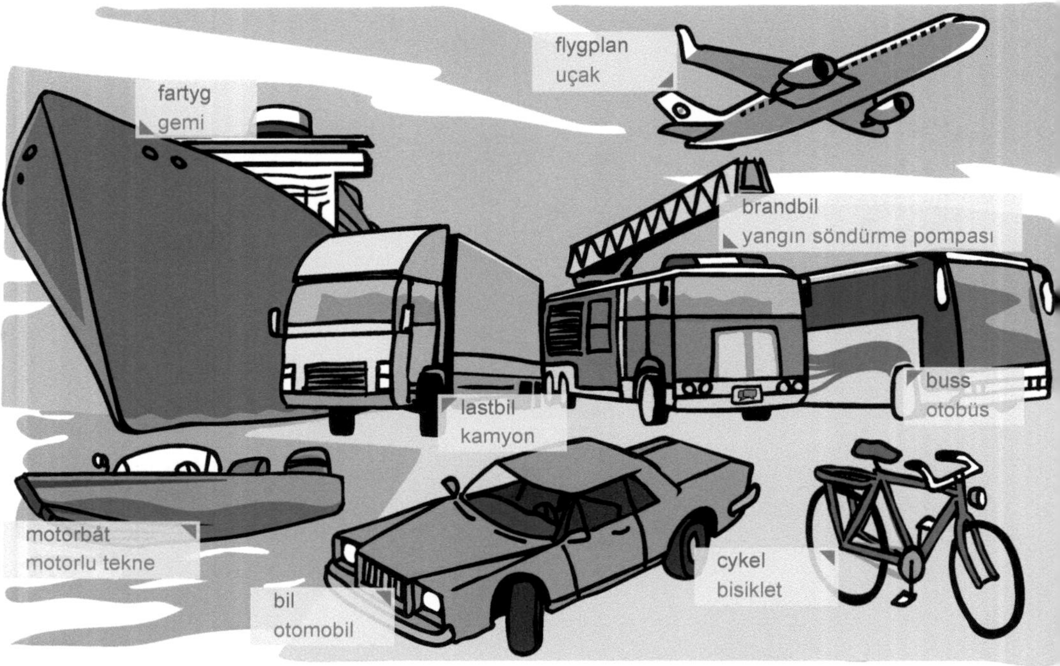
fartyg
gemi
flygplan
uçak
brandbil
yangın söndürme pompası
lastbil
kamyon
buss
otobüs
motorbåt
motorlu tekne
bil
otomobil
cykel
bisiklet

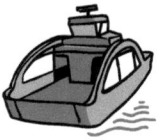

färja

feribot

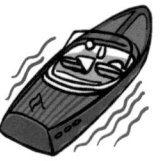

båt

bot

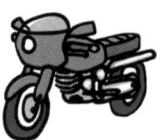

motorcykel

motosiklet

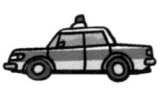

polisbil

polis arabası

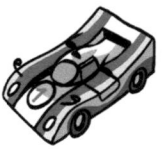

racerbil

yarış arabası

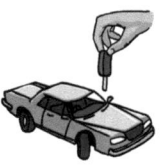

hyrbil

kiralık araba

bilpool

ortak araba

bärgningsbil

çekici

sopbil

çöp kamyonu

motor

motor

bränsle

yakıt

bensinstation

benzinlik

vägmärke

trafik işareti

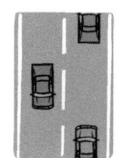

trafik

trafik

bilkö

trafik sıkışıklığı

parkeringsplats

otopark

tågstation

tren istasyonu

räls

ray

tåg

tren

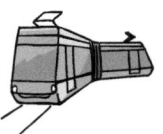

spårvagn

tramvay

vagn

vagon

helikopter

helikopter

flygplats

havaalanı

torn

kule

passagerare

yolcu

container

konteyner

kartong

koli

vagn

yük arabası

korg

sepet

starta / landa

kalkış / iniş

## stad
## şehir

by

köy

centrum

şehir merkezi

hus

ev

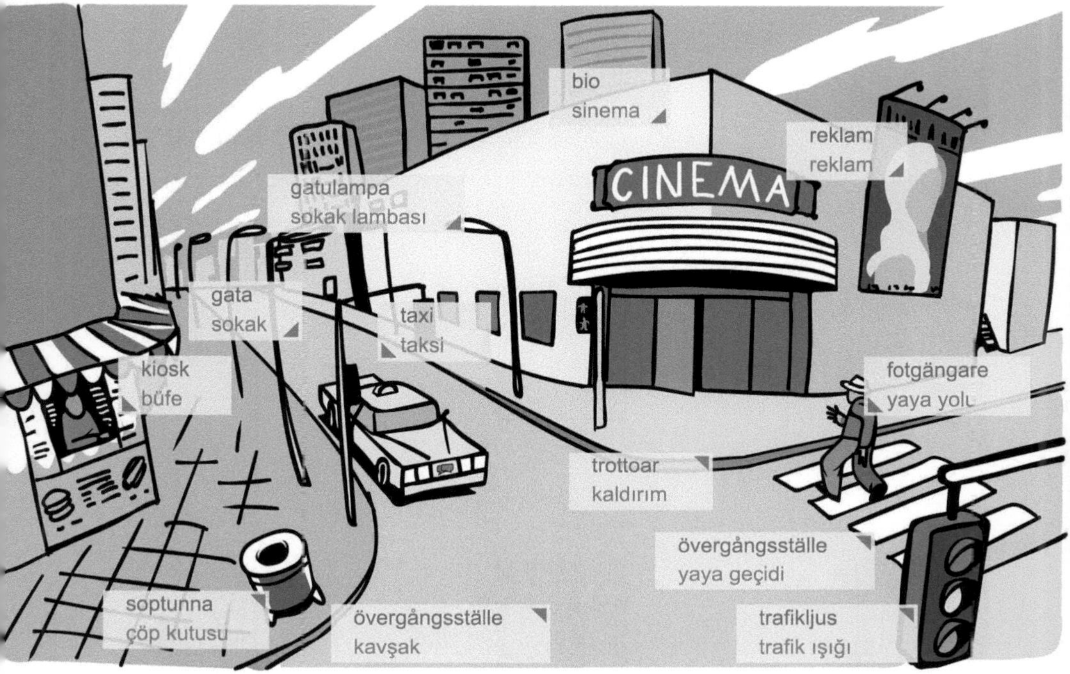

bio / sinema

reklam / reklam

gatulampa / sokak lambası

gata / sokak

taxi / taksi

kiosk / büfe

fotgängare / yaya yolu

trottoar / kaldırım

övergångsställe / yaya geçidi

soptunna / çöp kutusu

övergångsställe / kavşak

trafikljus / trafik ışığı

stuga
kulübe

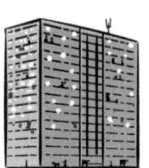

lägenhet
apartman dairesi

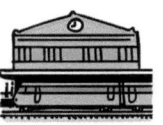

tågstation
tren istasyonu

stadshus
belediye binası

museum
müze

skola
okul

stad - şehir

universitet

üniversite

bank

banka

sjukhus

hastane

hotell

otel

apotek

eczane

kontor

ofis

bokhandel

kitapçı

affär

mağaza

blomsterbutik

çiçekçi

stormarknad

süpermarket

marknad

market

varuhus

büyük mağaza

fiskhandlare

balık satıcısı

köpcentrum

alışveriş merkezi

hamn

liman

park

park

bänk

bank

brygga

köprü

trappa

merdiven

tunnelbana

metro

tunnel

tünel

busshållplats

otobüs durağı

bar

bar

restaurang

restoran

brevlåda

posta kutusu

gatuskylt

sokak tabelası

parkeringsautomat

otopark sayacı

zoo

hayvanat bahçesi

simbassäng

yüzme havuzu

moské

cami

bondgård
çiftlik

förorening
kirlilik

kyrkogård
mezarlık

kyrka
kilise

lekplats
oyun alanı

tempel
tapınak

## landskap
## arazi

löv
yaprak

vägskylt
yön tabelası

väg
yol

äng
çayır

sten
taş

liftare
yürüyüşçü

träd
ağaç

flod
ırmak

gräs
çimen

blomma
çiçek

dal
.............
vadi

kulle
.............
tepe

sjö
.............
göl

skog
.............
orman

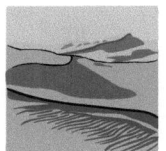

öken
.............
çöl

vulkan
.............
volkan

slott
.............
kale

regnbåge
.............
gökkuşağı

svamp
.............
mantar

palm
.............
palmiye

mygga
.............
sivrisinek

fluga
.............
sinek

myra
.............
karınca

bi
.............
arı

spindel
.............
örümcek

skalbagge

böcek

groda

kurbağa

ekorre

sincap

igelkott

kirpi

hare

yabani tavşan

uggla

baykuş

fågel

kuş

svan

kuğu

vildsvin

yaban domuzu

rådjur

geyik

älg

geyik

damm

baraj

vindkraftverk

rüzgar türbini

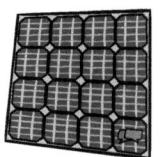

solcellspanel

güneş paneli

klimat

iklim

servitör
garson

meny
menü

stol
sandalye

soppa
çorba

pizza
pizza

bestick
çatal - bıçak

bordsduk
masa örtüsü

förrätt
başlangıç

huvudrätt
ana yemek

dessert
tatlı

drycker
içecekler

mat
yemek

flaska
şişe

snabbmat

fastfood

street food

sokak yemeği

tekanna

çaydanlık

sockerskål

şekerlik

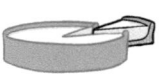

portion

porsiyon

espressomaskin

espresso makinesi

barnstol

mama sandalyesi

räkning

fatura

bricka

tepsi

kniv

bıçak

gaffel

çatal

sked

kaşık

tesked

çay kaşığı

servett

servis peçetesi

glas

bardak

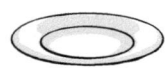

tallrik

tabak

sopptallrik

çorba kasesi

tefat

fincan altlığı

sås

sos

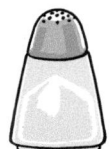

saltkar

tuzluk

pepparkvarn

karabiber değirmeni

vinäger

sirke

olja

yağ

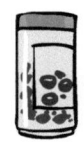

kryddor

baharat

ketchup

ketçap

senap

hardal

majonnäs

mayonez

# stormarknad
# süpermarket

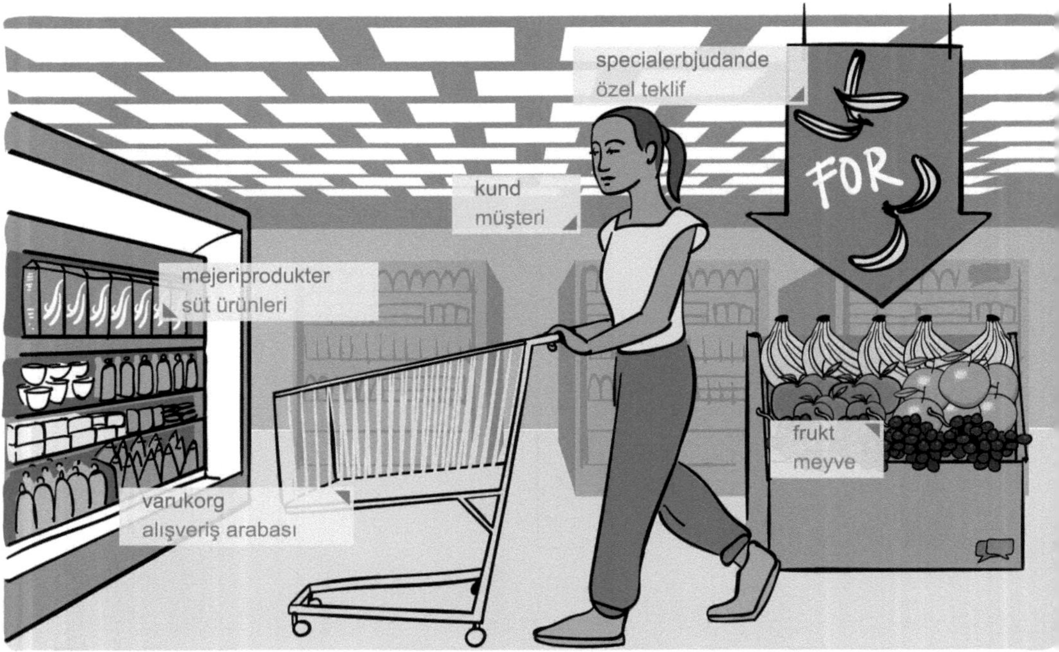

specialerbjudande
özel teklif
FOR
kund
müşteri
mejeriprodukter
süt ürünleri
frukt
meyve
varukorg
alışveriş arabası

BUTCHERS

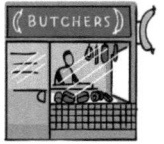

charkuteri

kasap

BAKERY

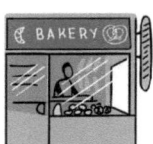

bageri

fırın

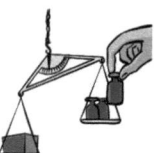

väga

tartmak

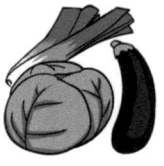

grönsaker

sebze

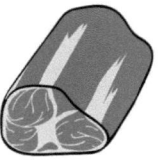

kött

et

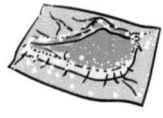

frysta livsmedel

donmuş gıda

**pålägg**
söğüş et

**konserver**
konserve yiyecek

**tvättmedel**
toz deterjan

**godis**
şekerlemeler

**hushållsprodukter**
ev temizlik ürünleri

**rengöringsmedel**
temizlik ürünleri

**försäljare**
satış görevlisi

**kassa**
yazar kasa

**kassör**
kasiyer

**inköpslista**
alışveriş listesi

**öppettider**
açılış saatleri

**plånbok**
cüzdan

**kreditkort**
kredi kartı

**väska**
çanta

**plastpåse**
plastik poşet

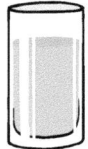

vatten

su

juice

meyve suyu

mjölk

süt

cola

kola

vin

şarap

öl

bira

alkohol

alkol

kakao

kakao

te

çay

kaffe

kahve

espresso

espresso

cappuccino

kapuçino

banan

muz

äpple

elma

apelsin

portakal

melon

kavun

citron

limon

morot

havuç

vitlök

sarımsak

bambu

bambu

lök

soğan

svamp

mantar

nötter

çerez

nudlar

makarna

spaghetti

spagetti

ris

pirinç

sallad

salata

pommes frites

cips

stekt potatis

patates kızartması

pizza

pizza

hamburgare

hamburger

smörgås

sandviç

schnitzel

şinitzel

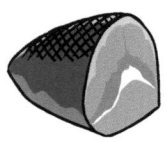

skinka

pastırma

salami

salam

korv

sosis

kyckling

tavuk

stek

rosto

fisk

balık

havregryn

yulaf ezmesi

müsli

müsli

cornflakes

mısır gevreği

mjöl

un

croissant

kruvasan

fralla

küçük ekmek

bröd

ekmek

rostat bröd

tost

kex

bisküvi

smör

tereyağı

kvarg

kaymak

kaka

kek

ägg

yumurta

stekt ägg

sahanda yumurta

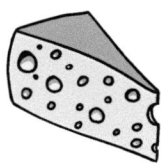

ost

peynir

glass

dondurma

socker

şeker

honung

bal

sylt

reçel

nougatkräm

fındık ezmesi

curry

köri

# bondgård
# çiftlik

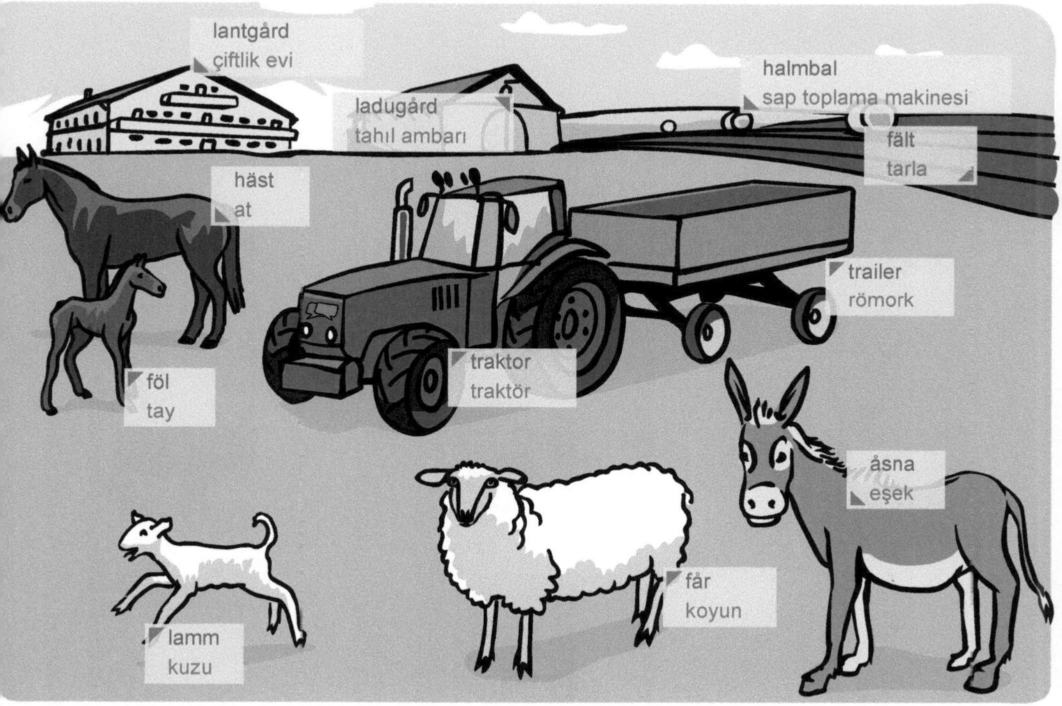
lantgård
çiftlik evi
ladugård
tahıl ambarı
halmbal
sap toplama makinesi
fält
tarla
häst
at
trailer
römork
traktor
traktör
föl
tay
åsna
eşek
får
koyun
lamm
kuzu

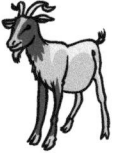

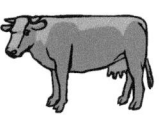

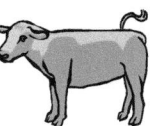

get

keçi

ko

inek

kalv

buzağı

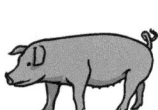

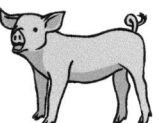

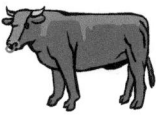

gris

domuz

griskulting

domuz yavrusu

tjur

boğa

gås
kaz

anka
ördek

kyckling
civciv

höna
tavuk

tupp
horoz

råtta
sıçan

katt
kedi

mus
fare

oxe
öküz

hund
köpek

hundkoja
köpek kulübesi

trädgårdsslang
bahçe hortumu

vattenkanna
sulama kabı

lie
tırpan

plog
pulluk

**skära**
orak

**hacka**
çapa

**högaffel**
dirgen

**yxa**
balta

**skottkärra**
el arabası

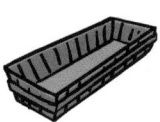

**tråg**
yemlik

**mjölkflaska**
süt kovası

**säck**
çuval

**staket**
çit

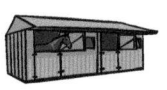

**stall**
ahır

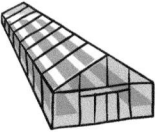

**växthus**
sera

**jord**
toprak

**säd**
tohum

**gödsel**
gübre

**skördetröska**
biçerdöver

skörda

hasat etmek

skörd

harman

jams

tatlı patates

vete

buğday

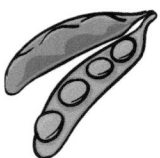

soja

soya

potatis

patates

majs

mısır

raps

kolza

fruktträd

meyve ağacı

maniok

manyok

spannmål

hububat

skorsten
baca

tak
çatı

stuprör
yağmur oluğu

fönstər
pencəre

garage
garaj

dörrklocka
kapı zili

dörr
kapı

soptunna
çöp kutusu

brevlåda
posta kutusu

trädgård
bahçe

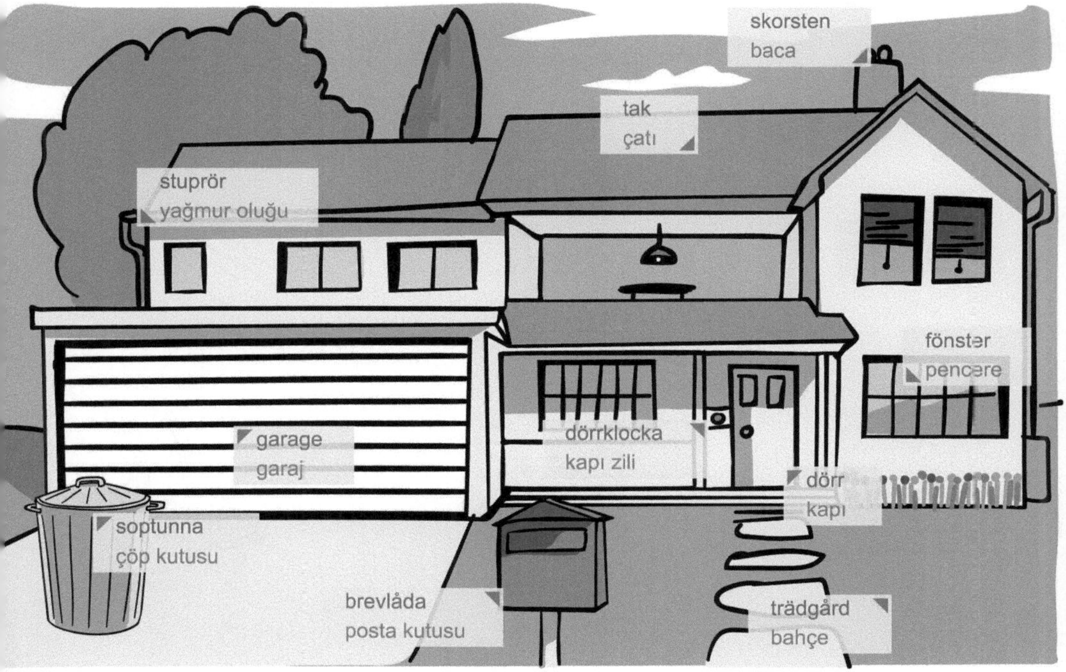

vardagsrum
oturma odası

badrum
banyo

kök
mutfak

sovrum
yatak odası

barnrum
çocuk odası

matsal
yemek odası

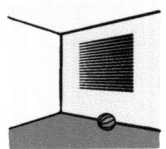

golv
zemin

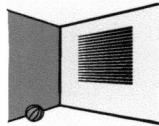

vägg
duvar

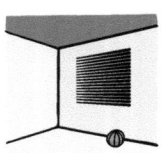

tak
tavan

källare
kiler

bastu
sauna

balkong
balkon

terrass
teras

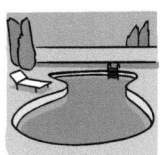

bassäng
havuz

gräsklippare
çim biçme makinesi

lakan
çarşaf

överkast
yatak örtüsü

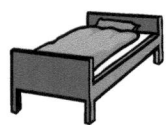

säng
yatak

kvast
süpürge

hink
kova

strömbrytare
anahtar

# vardagsrum
# oturma odası

tapet
duvar kağıdı
bild
resim
lampa
lamba
hylla
raf
skåp
dolap
TV
televizyon
eldstad
şömine
blomma
çiçek
kudde
minder
soffa
kanepe
vas
vazo
fjärrkontroll
uzaktan kumanda

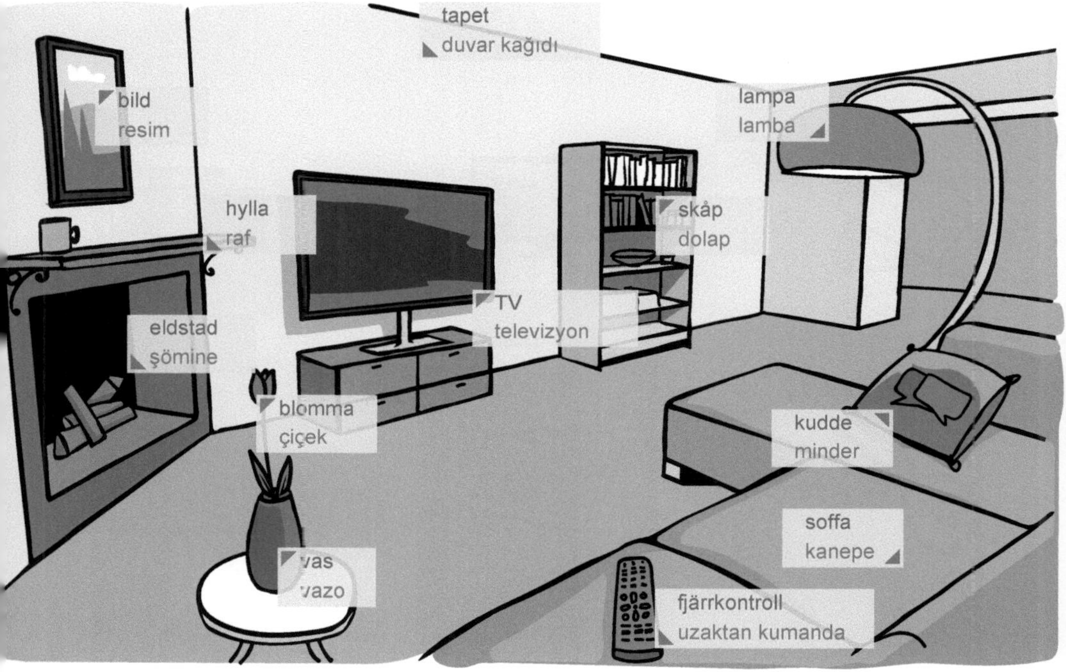

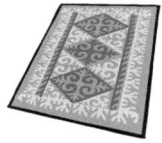

matta

halı

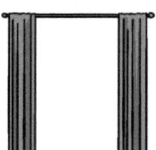

gardin

perde

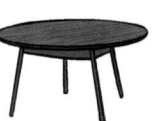

bord

masa

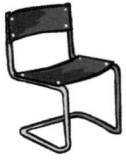

stol

sandalye

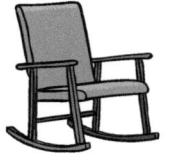

gungstol

salıncaklı koltuk

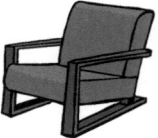

fåtölj

koltuk

bok

kitap

filt

battaniye

dekoration

dekor

vedträ

odun

film

film

stereoanläggning

hi-fi

nyckel

anahtar

dagstidning

gazete

målning

tablo

poster

poster

radio

radyo

anteckningsbok

defter

dammsugare

elektrikli süpürge

kaktus

kaktüs

stearinljus

mum

# kök
# mutfak

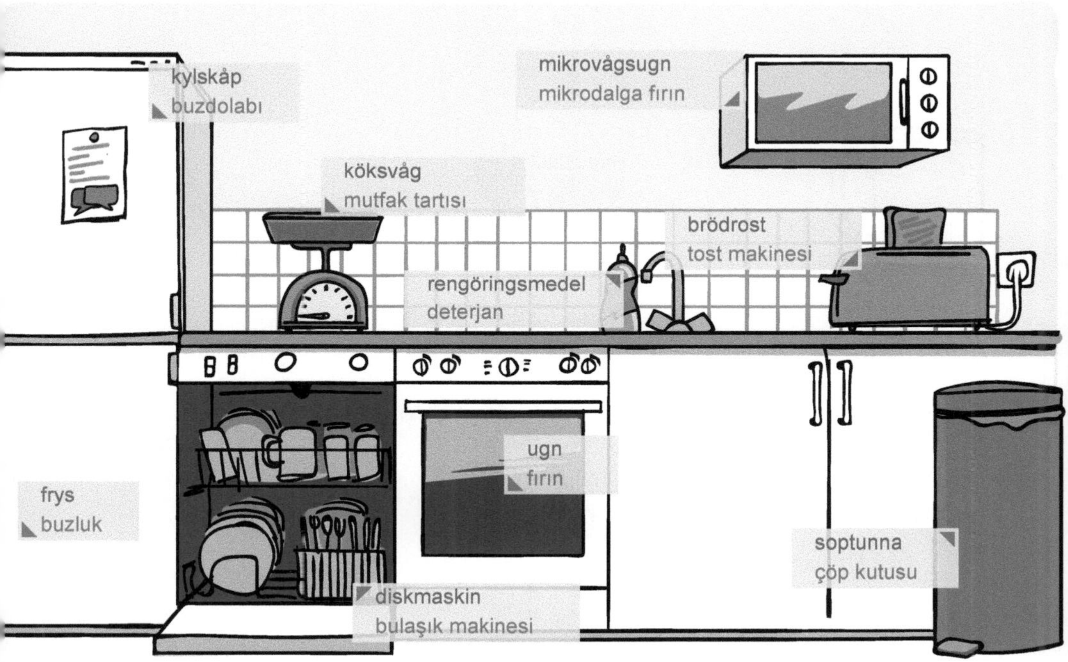

kylskåp
buzdolabı
mikrovågsugn
mikrodalga fırın
köksvåg
mutfak tartısı
brödrost
tost makinesi
rengöringsmedel
deterjan
ugn
fırın
frys
buzluk
soptunna
çöp kutusu
diskmaskin
bulaşık makinesi


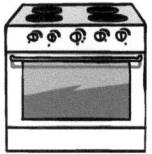

spis

ocak

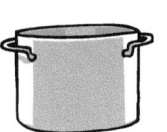

kastrull

tencere

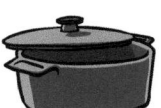

järngryta

döküm tencere

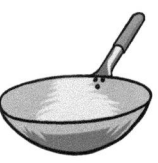

wok / kadai

wok

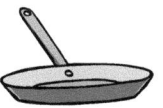

stekpanna

tava

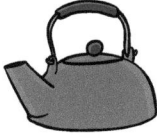

vattenkokare

su ısıtıcı

ångkokare

buharlı pişirici

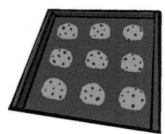

bakplåt

pişirme tepsisi

porslin

tabak takımı

mugg

kupa

skål

kase

ätpinnar

çubuk (çin yemeği)

soppslev

kepçe

stekspade

spatula

visp

çırpma teli

durkslag

süzgeç

sil

elek

rivjärn

rende

mortel

havan

grill

barbekü

brasa

açık ateş

skärbräda

kesme tahtası

kavel

merdane

korkskruv

tirbüşon

burk

konserve kutusu

burköppnare

konserve açacağı

grytlapp

fırın eldiveni

vask

evye

borste

fırça

svamp

sünger

mixer

blender

frys

derin dondurucu

nappflaska

biberon

kran

musluk

kök - mutfak

# badrum

# banyo

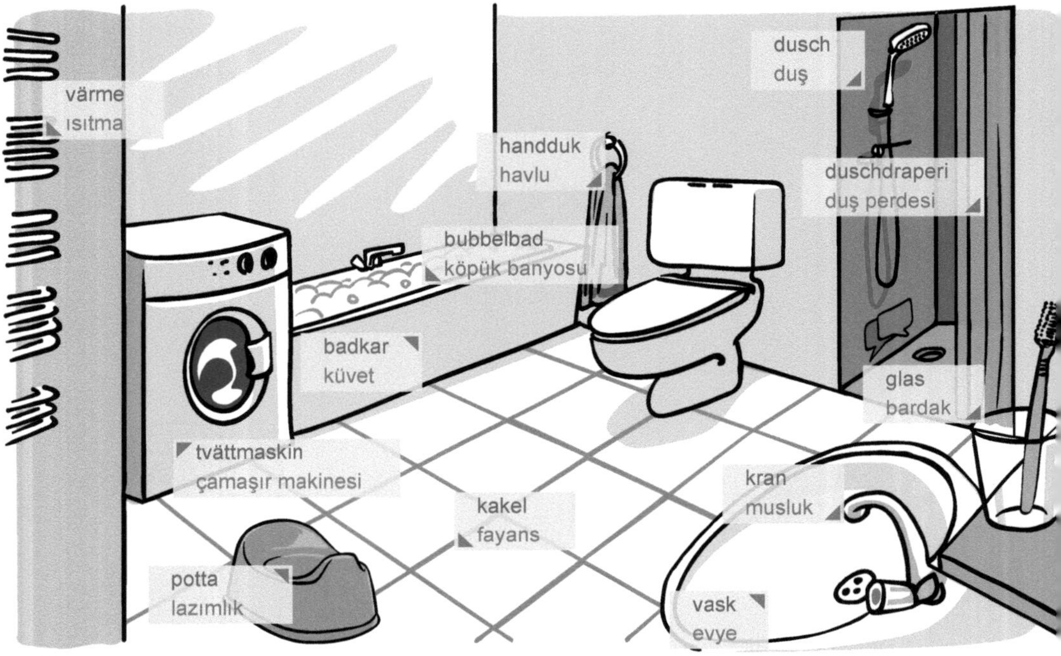

värme
ısıtma
dusch
duş
handduk
havlu
duschdraperi
duş perdesi
bubbelbad
köpük banyosu
badkar
küvet
glas
bardak
tvättmaskin
çamaşır makinesi
kran
musluk
kakel
fayans
potta
lazımlık
vask
evye


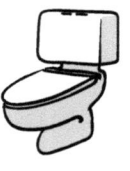

toalett

tuvalet

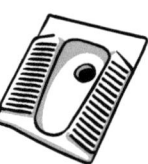

låg toalett

alaturka tuvalet

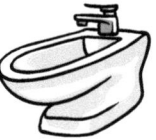

bidet

bide

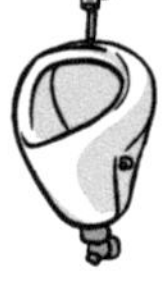

pissoar

pisuvar

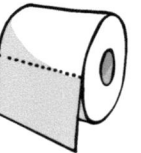

toalettpapper

tuvalet kağıdı

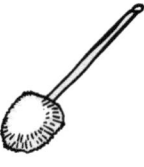

toalettborste

tuvalet fırçası

tandborste

diş fırçası

tandkräm

diş macunu

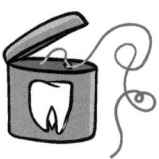

tandtråd

diş ipi

tvätta

yıkamak

handdusch

duş başlığı

intimdusch

duş başlığı şeklinde taharet musluğu

handfat

küvet

ryggborste

banyo fırçası

tvål

sabun

duschgel

duş jeli

schampo

şampuan

trasa

banyo lifi

avlopp

gider

crème

krem

deodorant

deodorant

spegel

ayna

handspegel

el aynası

rakhyvel

jilet

raklödder

tıraş köpüğü

rakvatten

tıraş losyonu

kam

tarak

borste

fırça

hårtork

saç kurutma makinesi

hårspray

saç spreyi

smink

makyaj

läppstift

ruj

nagellack

tırnak cilası

bomullsvadd

pamuk

nagelsax

tırnak makası

parfym

parfüm

necessär
makyaj çantası

pall
tabure

våg
tartı

badrock
bornoz

gummihandskar
lastik eldiven

tampong
tampon

binda
kadın pedi

kemisk toalett
kimyevi tuvalet

# barnrum

# çocuk odası

väckarklocka
çalar saat
gosedjur
peluş oyuncak
leksaksbil
oyuncak araba
skallra
çıngırak
dockhus
bebek evi
present
hediye


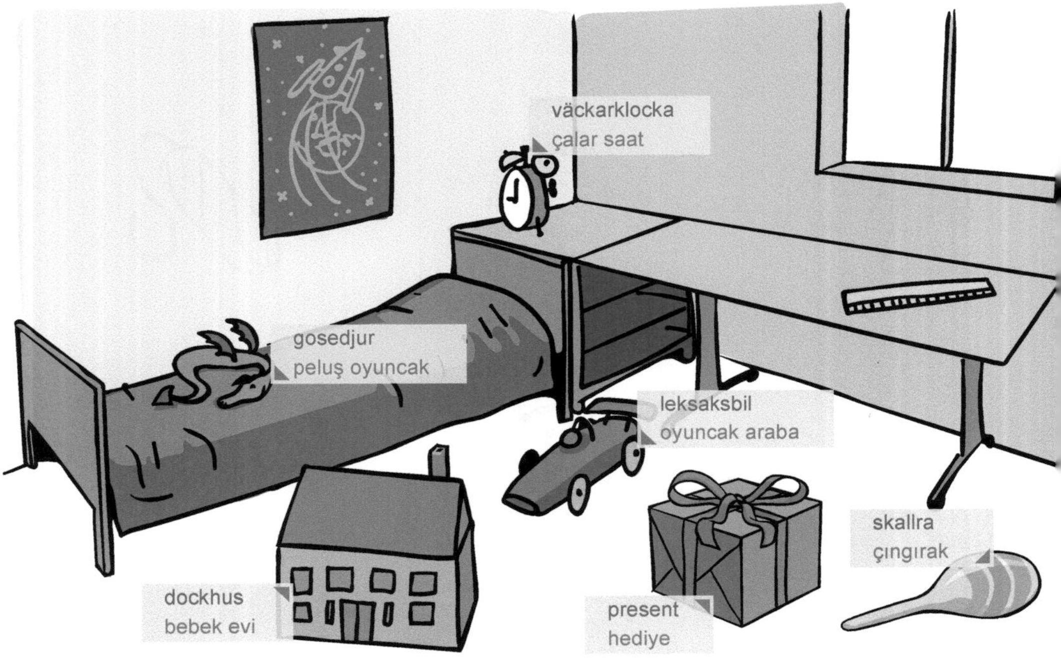

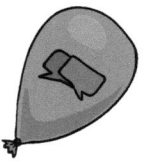

ballong

balon

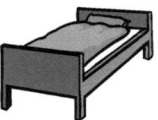

säng

yatak

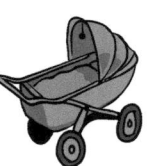

barnvagn

bebek arabası

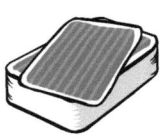

kortlek

kart destesi

pussel

yapboz

SUPER
MEGA


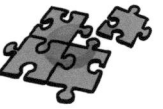

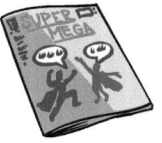

serietidning

çizgi roman

legobitar

lego tuğlaları

klossar

lego blokları

actionfigur

aksiyon figürü

sparkdräkt

zıbın

frisbee

frizbi

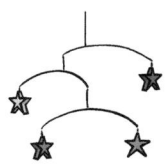

mobil

dönence

brädspel

masa oyunu

tärning

zar

modelljärnväg

model tren seti

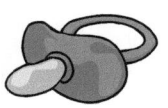

napp

emzik

party

parti

bilderbok

resimli kitap

boll

top

docka

oyuncak bebek

spela

oynamak

sandlåda
................
kum havuzu

gunga
................
salıncak

leksaker
................
oyuncaklar

spelkonsol
................
video oyun konsolu

trehjuling
................
üç tekerlekli bisiklet

nalle
................
oyuncak ayı

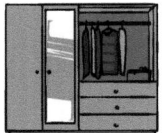

garderob
................
gardırop

## kläder
## kıyafet

sockar
................
çorap

strumpor
................
külotlu çorap

tights
................
tayt

halsduk
eşarp

paraply
şemsiye

t-shirt
tişört

bälte
kemer

stövlar
bot

tofflor
terlik

sneakers
spor ayakkabı

| sandaler | skor | gummistövlar |
|---|---|---|
| sandalet | ayakkabı | lastik çizme |

| underbyxor | BH | linne |
|---|---|---|
| külot | sütyen | yelek |

body

dar bluz

byxor

pantolon

jeans

kot pantolon

kjol

etek

blus

bluz

skjorta

gömlek

pullover

kazak

sweater

süveter

blazer

blazer

jacka

ceket

kappa

mont

regnjacka

yağmurluk

dräkt

kostüm

klänning

elbise

bröllopsklänning

gelinlik

kostym

takım elbise

nattlinne

gecelik

pyjamas

pijama

sari

sari

slöja

baş örtüsü

turban

türban

burka

burka

kaftan

kaftan

abaya

çarşaf

baddräkt

mayo

badbyxor

erkek mayosu

shorts

şort

träningsoverall

eşofman

förkläde

önlük

handskar

eldiven

knapp

düğme

glasögon

gözlük

armband

bilezik

halsband

kolye

ring

yüzük

örhänge

küpe

mössa

kep

galge

portmanto

hatt

şapka

slips

kravat

dragkedja

fermuar

hjälm

kask

hängslen

pantolon askısı

skoluniform

okul forması

uniform

üniforma

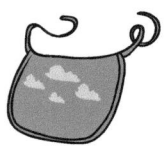

haklapp

mama önlüğü

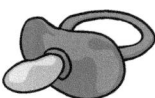

napp

emzik

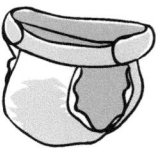

blöja

bebek bezi

# kontor

## ofis

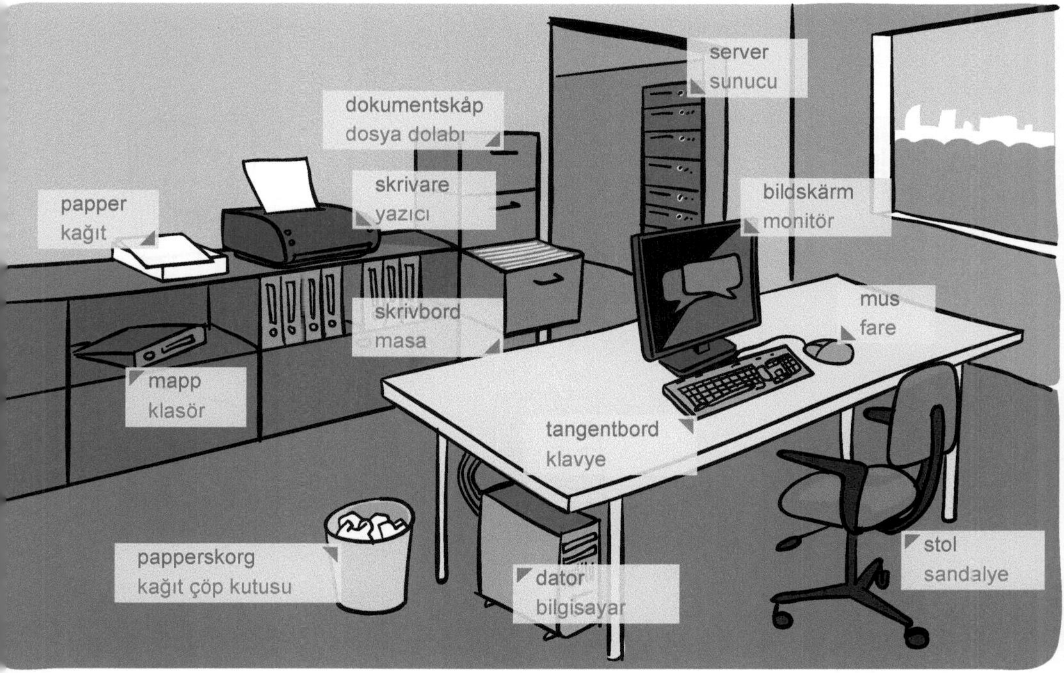
server
sunucu
dokumentskåp
dosya dolabı
skrivare
yazıcı
papper
kağıt
bildskärm
monitör
mus
fare
skrivbord
masa
mapp
klasör
tangentbord
klavye
papperskorg
kağıt çöp kutusu
dator
bilgisayar
stol
sandalye

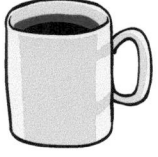

kaffemugg

kahve fincanı

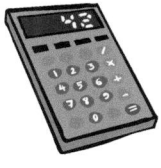

miniräknare

hesap makinesi

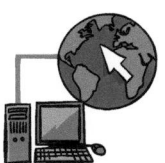

internet

internet

bärbar dator

dizüstü

brev

mektup

meddelande

mesaj

mobiltelefon

cep telefonu

nätverk

ağ

kopieringsapparat

fotokopi makinesi

programvara

yazılım

telefon

telefon

vägguttag

priz

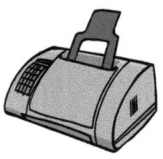

fax

faks makinesi

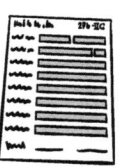

blankett

form

dokument

belge

köpa
................
satın almak

betala
................
ödemek

handla
................
ticaret yapmak

pengar
................
para

 USD

dollar
................
dolar

 EUR

euro
................
avro

 JPY

yen
................
yen

 RUB

rubel
................
ruble

 CHF

schweizisk franc
................
İsviçre frangı

 CNY

renminbi yan
................
Çin yuanı

 INR

rupie
................
rupi

bankomat
................
kasa

växelkontor

döviz bürosu

guld

altın

silver

gümüş

olja

petrol

energi

enerji

pris

fiyat

kontrakt

kontrat

skatt

vergi

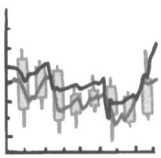

aktie

menkul değer

arbeta

çalışmak

anställd

işveren

arbetsgivare

işçi

fabrik

fabrika

affär

mağaza

polis
polis memuru

brandman
itfaiyeci

kock
aşçı

läkare
doktor

pilot
pilot

trädgårdsmästare

bahçıvan

snickare

marangoz

sömmerska

terzi

domare

hakim

kemist

kimyager

skådespelare

aktör

busschaufför

otobüs şoförü

taxichaufför

taksi şoförü

fiskare

balıkçı

städerska

temizlikçi

takläggare

çatı ustası

servitör

garson

jägare

avcı

målare

boyacı

bagare

fırıncı

elektriker

elektrikçi

byggarbetare

inşaatçı

ingenjör

mühendis

slaktare

kasap

rörmokare

muslukçu

brevbärare

postacı

soldat

asker

arkitekt

mimar

kassör

kasiyer

florist

çiçekçi

frisör

kuaför

konduktör

kondüktör

mekaniker

tamirci

kapten

kaptan

tandläkare

dişçi

vetenskapsman

bilim insanı

rabbin

haham

imam

imam

munk

keşiş

präst

rahip

# verktyg
# aletler

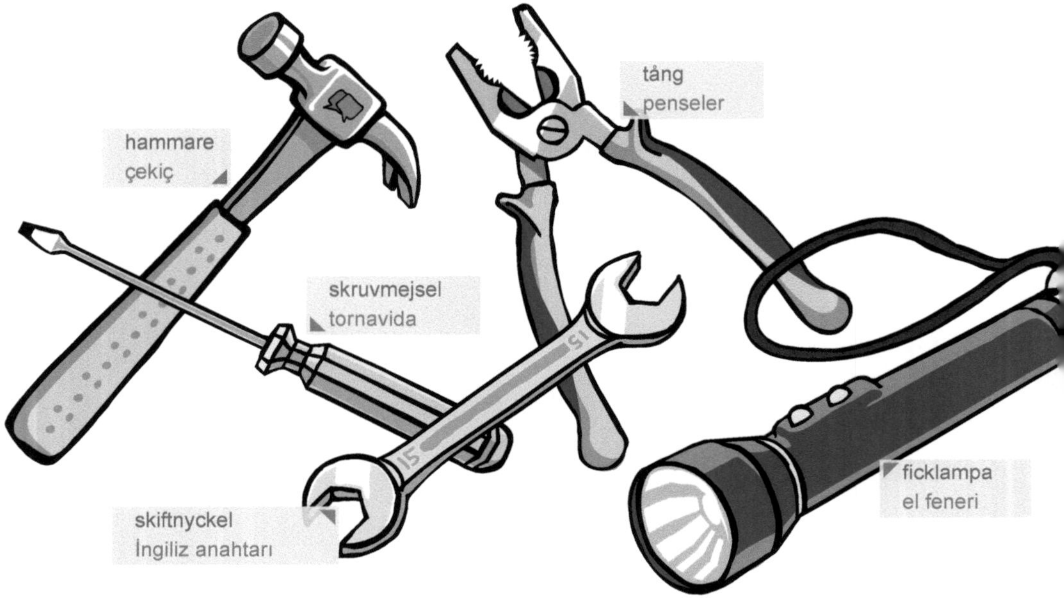

hammare
çekiç
tång
penseler
skruvmejsel
tornavida
skiftnyckel
İngiliz anahtarı
ficklampa
el feneri


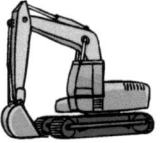

grävmaskin

kazı makinesi

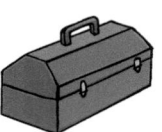

verktygslåda

alet çantası

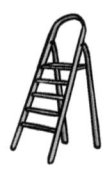

stege

merdiven

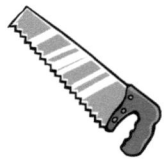

såg

testere

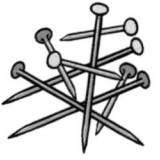

spik

çiviler

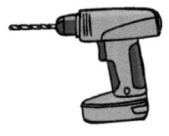

borr

matkap

reparera

tamir etmek

spade

kürek

Helvete!

Kahretsin!

sopskyffel

faraş

färgburk

boya tenekesi

skruvar

vidalar

## musikinstrument
## müzik enstrümanı

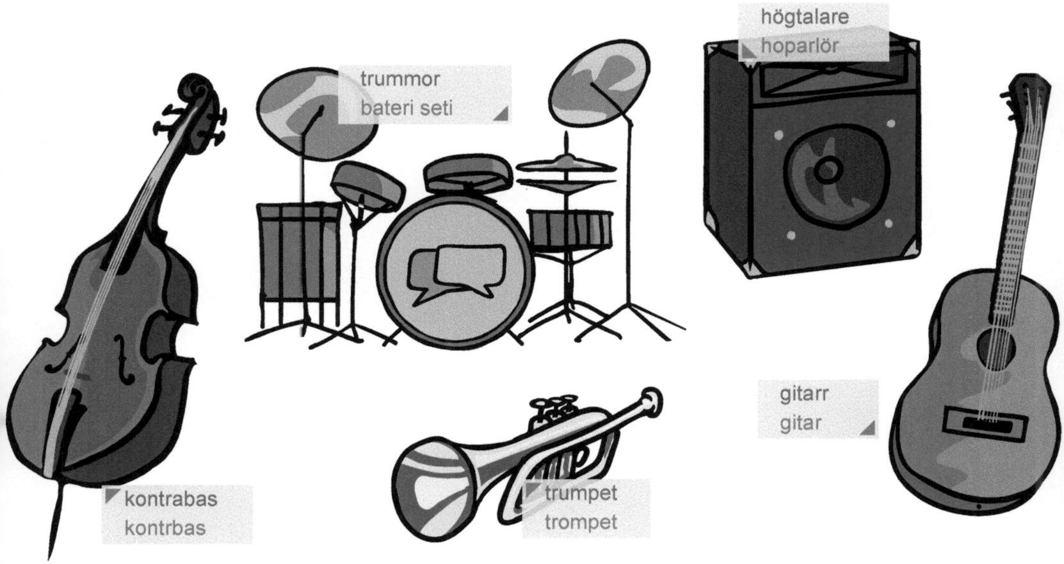

trummor
bateri seti

högtalare
hoparlör

gitarr
gitar

kontrabas
kontrbas

trumpet
trompet

piano
piyano

violin
keman

bas
basgitar

timpani
timpani

trumma
bateri

keyboard
klavye

saxofon
saksafon

flöjt
flüt

mikrofon
mikrofon

# zoo

## hayvanat bahçesi

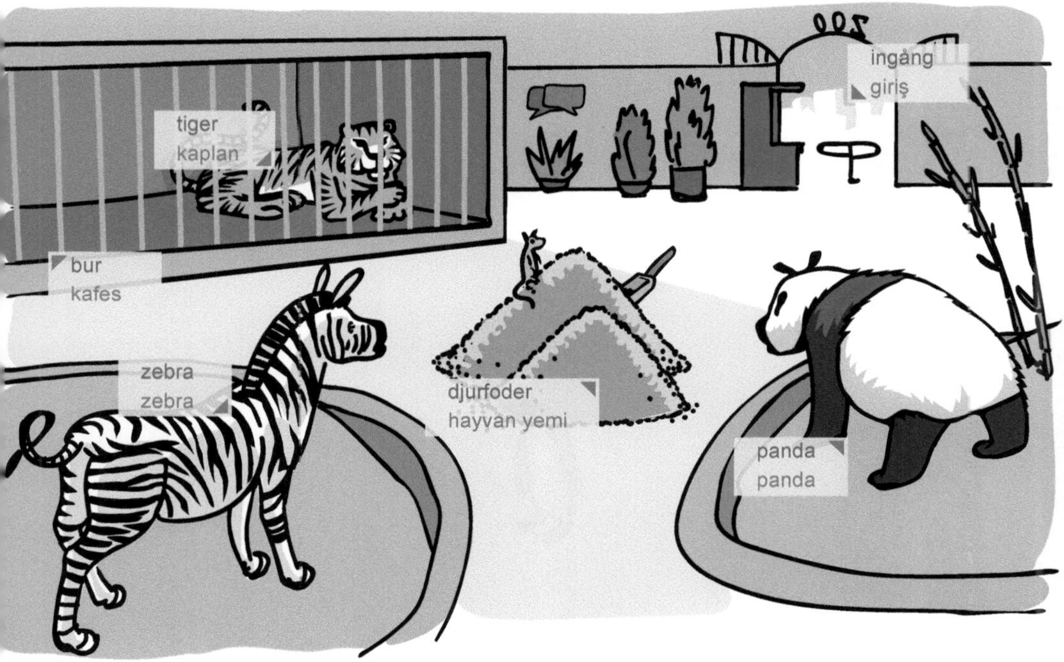

tiger
kaplan
bur
kafes
zebra
zebra
djurfoder
hayvan yemi
ingång
giriş
panda
panda


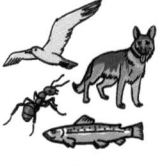

djur

hayvanlar

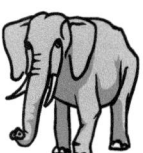

elefant

fil

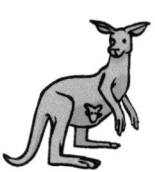

känguru

kanguru

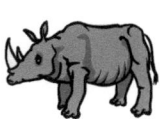

noshörning

gergedan

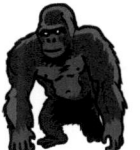

gorilla

goril

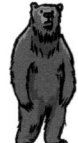

björn

ayı

kamel

deve

struts

deve kuşu

lejon

aslan

apa

maymun

flamingo

flamingo

papegoja

papağan

isbjörn

kutup ayısı

pingvin

penguen

haj

köpek balığı

påfågel

tavus kuşu

orm

yılan

krokodil

timsah

djurskötare

hayvanat bahçesi görevlisi

säl

fok

jaguar

jaguar

zoo - hayvanat bahçesi

ponny

midilli atı

leopard

leopar

flodhäst

su aygırı

giraff

zürafa

örn

kartal

vildsvin

yaban domuzu

fisk

balık

sköldpadda

kaplumbağa

valross

mors

räv

tilki

gazell

ceylan

amerikansk fotboll
amerikan futbolu

cykling
bisiklete binme

tennis
tenis

basket
basketbol

simning
yüzme

boxning
boks

ishockey
buz hokeyi

fotboll
futbol

badminton
badminton

friidrott
atletizm

handboll
hentbol

skidåkning
kayak

polo
polo

# aktiviteter
## etkinlikler

skratta
gülmek
hoppa
atlamak
krama
sarılmak
gå
yürümek
sjunga
söylemek
drömma
hayal etmek
be
dua etmek
kyssa
öpmek

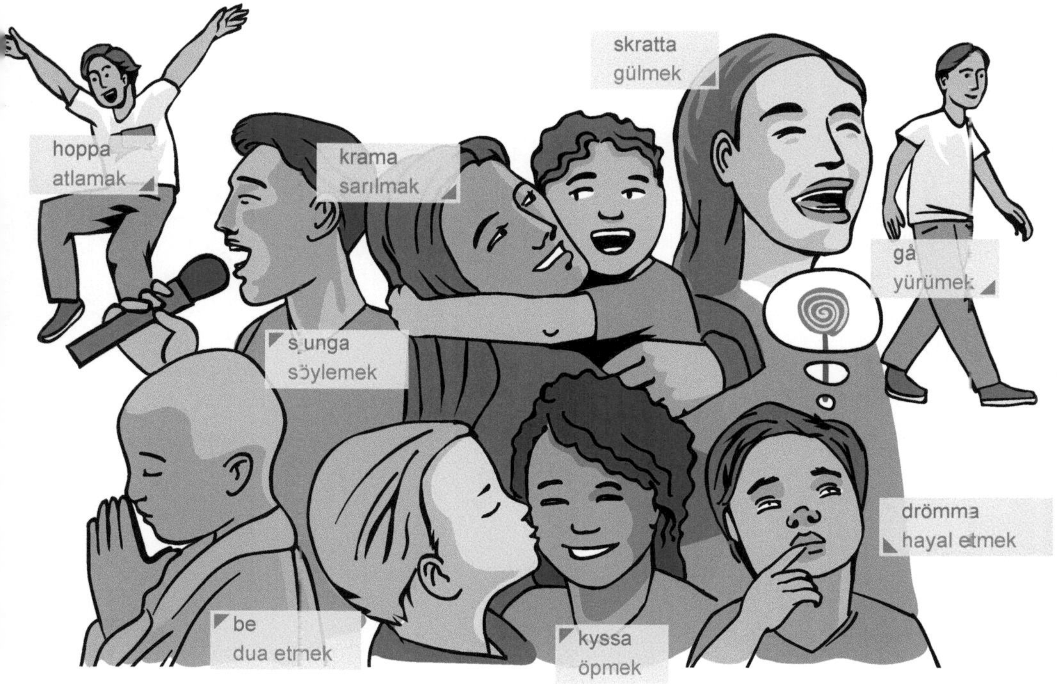

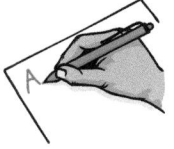

skriva

yazmak

rita

çizmek

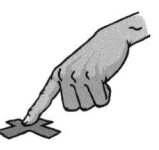

visa

göstermek

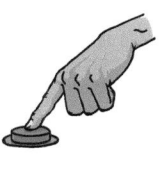

skjuta

itmek

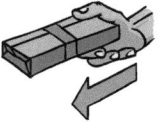

ge

vermek

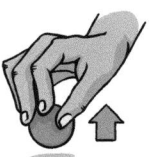

ta

almak

hagel

sahip olmak

göra

yapmak

vara

olmak

stå

ayakta durmak

springa

koşmak

dra

çekmek

kasta

atmak

falla

düşmek

ligga

yalan söylemek

vänta

beklemek

bära

taşımak

sitta

oturmak

klä på

giyinmek

sova

uyumak

vakna

uyanmak

se på
bakmak

gråta
ağlamak

smeka
vurmak

kamma
taramak

prata
konuşmak

förstå
anlamak

fråga
sormak

höra
dinlemek

dricka
içmek

äta
yemek

städa
düzenlemek

älska
sevmek

laga mat
pişirmek

köra
sürmek

flyga
uçmak

segla

denize açılmak

räkna

hesapla

läsa

okumak

lära sig

öğrenmek

arbeta

çalışmak

gifta sig

evlenmek

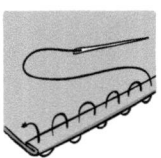

sy

dikmek

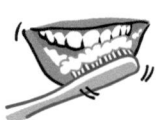

borsta tänderna

diş fırçalamak

döda

öldürmek

röka

sigara içmek

skicka

yollamak

mormor/farmor
büyükanne

morfar/farfar
büyükbaba

pappa
baba

mamma
anne

baby
bebek

dotter
kız

son
oğul

gäst

misafir

moster/faster

teyze

farbror/morbror

amca

bror

erkek kardeş

syster

kız kardeş

# kropp
# vücut

panna
alın
öga
göz
skuldra
omuz
finger
parmak
ansikte
yüz
haka
çene
hand
el
ben
bacak
bröst
göğüs
arm
kol

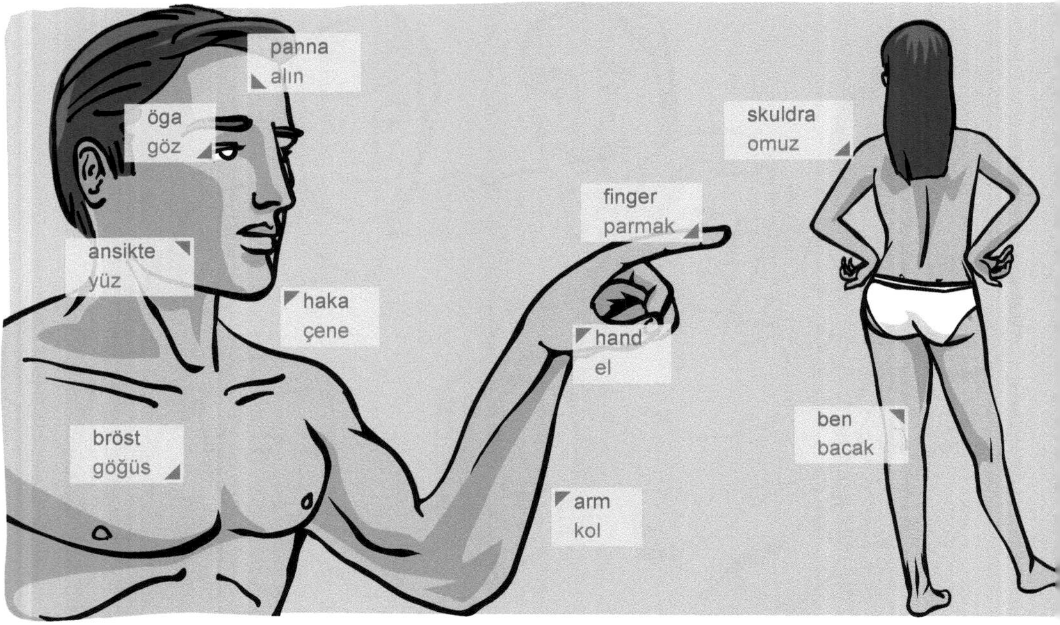

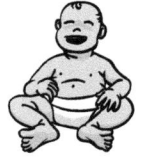

baby

bebek

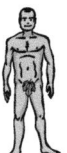

man

adam

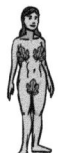

kvinna

kadın

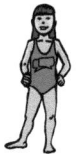

flicka

kız

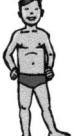

pojke

erkek çocuk

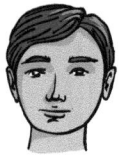

huvud

baş

rygg
sırt

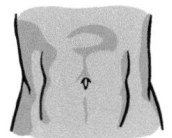

mage
karın

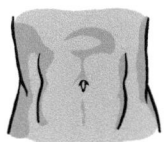

navel
göbek

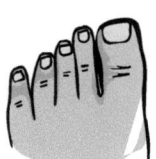

tå
ayak parmağı

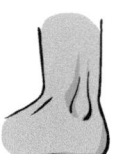

häl
topuk

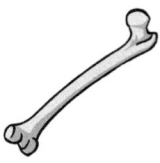

ben
kemik

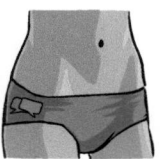

höft
kalça

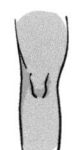

knä
diz

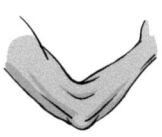

armbåge
dirsek

näsa
burun

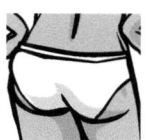

stjärt
kalça

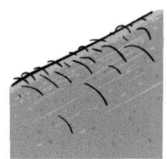

hud
deri

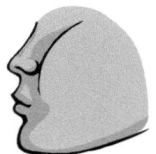

kind
yanak

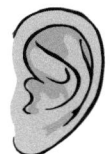

öra
kulak

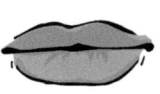

läpp
dudak

kropp - vücut

mun

ağız

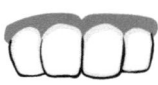

tand

diş

tunga

dil

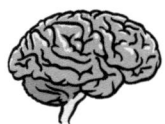

hjärna

beyin

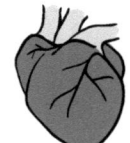

hjärta

kalp

muskel

kas

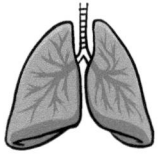

lunga

akciğer

lever

karaciğer

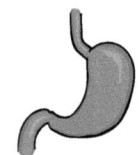

magsäck

mide

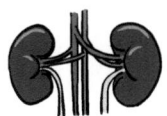

njurar

böbrekler

sex

seks

kondom

prezervatif

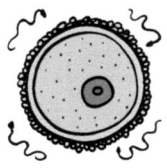

äggcell

yumurtalık

sperma

sperm

graviditet

hamilelik

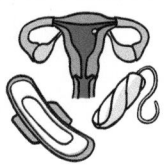

menstruation
regl

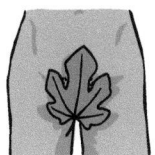

vagina
vajina

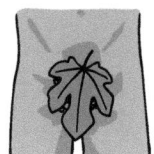

penis
penis

ögonbryn
kaş

hår
saç

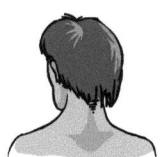

nacke
boyun

# sjukhus
# hastane

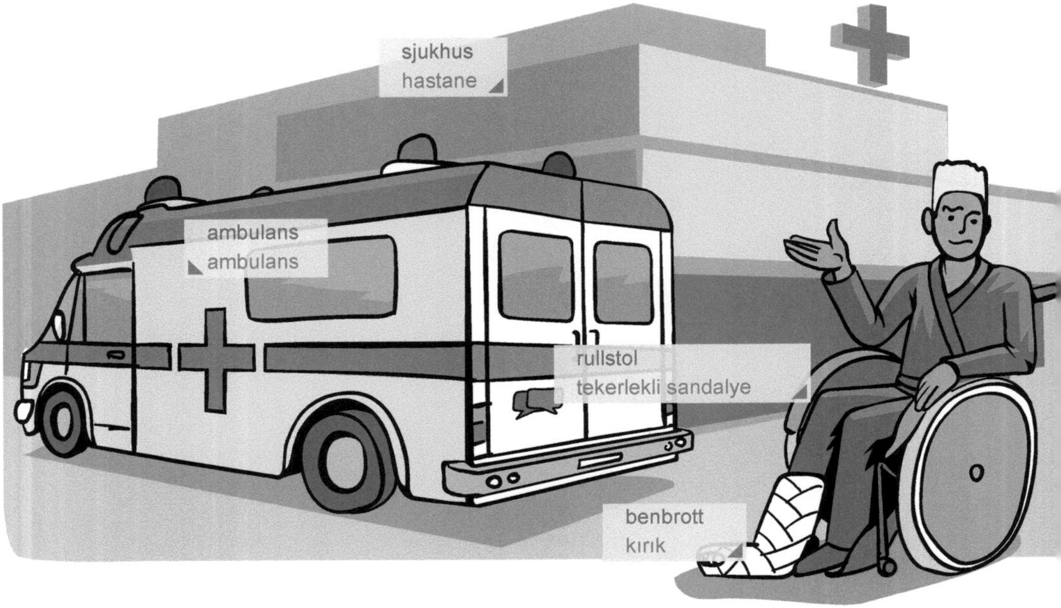

sjukhus
hastane
ambulans
ambulans
rullstol
tekerlekli sandalye
benbrott
kırık


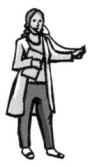

läkare

doktor

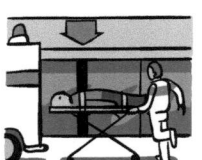

akutmottagning

acil servis

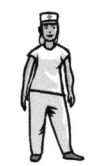

sjuksköterska

hemşire

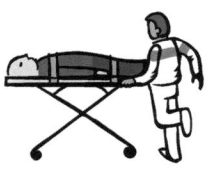

nödsituation

acil

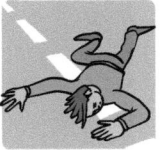

medvetslös

baygın

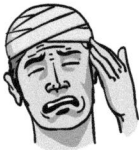

smärta

acı

skada

yaralanma

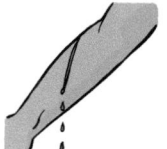

blödning

kanama

hjärtattack

kalp krizi

slaganfall

felç

allergi

alerji

hosta

öksürük

feber

ateş

influensa

grip

diarré

ishal

huvudvärk

baş ağrısı

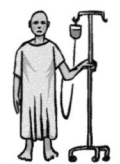

cancer

kanser

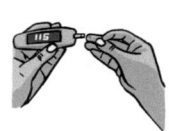

diabetes

şeker hastalığı

kirurg

cerrah

skalpell

neşter

operation

operasyon

CT

bilgisayarlı tomografi

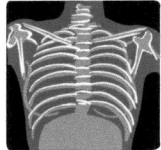

röntgen

röntgen

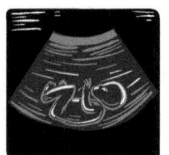

ultraljud

ultrason

ansiktsmask

yüz maskesi

sjukdom

hastalık

väntsal

bekleme odası

krycka

koltuk değneği

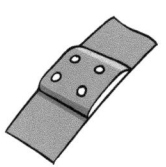

plåster

yara bandı

bandage

bandaj

injektion

enjeksiyon

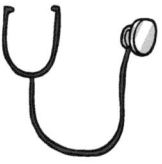

stetoskop

steteskop

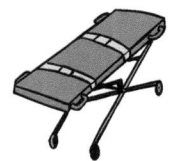

bår

sedye

termometer

tıbbi termometre

födsel

doğum

övervikt

fazla kilo

hörapparat

işitme cihazı

desinfektionsmedel

dezenfektan

infektion

enfeksiyon

virus

virüs

HIV / AIDS

HIV / AIDS

medicin

ilaç

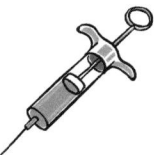

vaccination

aşı

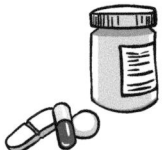

tabletter

tablet

p-piller

hap

nödsamtal

acil çağrı

blodtrycksmätare

tansiyon aleti

sjuk / frisk

hasta / sağlıklı

Hjälp!

İmdat!

alarm

alarm

överfall

darp

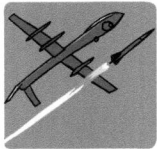

misshandel

saldırı

fara

tehlike

nödutgång

acil çıkış

Det brinner!

Yangın!

brandsläckare

yangın tüpü

olycka

kaza

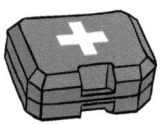

förbandslåda

ilk yardım çantası

SOS

imdat

polis

polis

Europa

Avrupa

Nordamerika

Kuzey Amerika

Sydamerika

Güney amerika

Afrika

Afrika

Asien

Asya

Australien

Avustralya

Atlanten

Atlantik

Stilla Havet

Pasifik

Indiska Oceanen

Hint Okyanusu

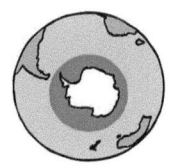

Antarktiska Oceanen

Antarktika Okyanusu

Arktiska Oceanen

Arktik Okyanusu

Nordpol

Kuzey Kutbu

Sydpol

Güney Kutbu

Antarktis

Antarktika

Jorden

dünya

land

kara

hav

deniz

ö

ada

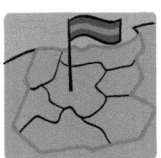

nation

ulus

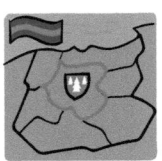

stat

ülke

urtavla

kadran

timvisare

akrep

minutvisare

yelkovan

sekundvisare

saniye ibresi

Vad är klockan?

Saat kaç?

dag

gün

tid

zaman

nu

şimdi

digital klocka

dijital saat

minut

dakika

timme

saat

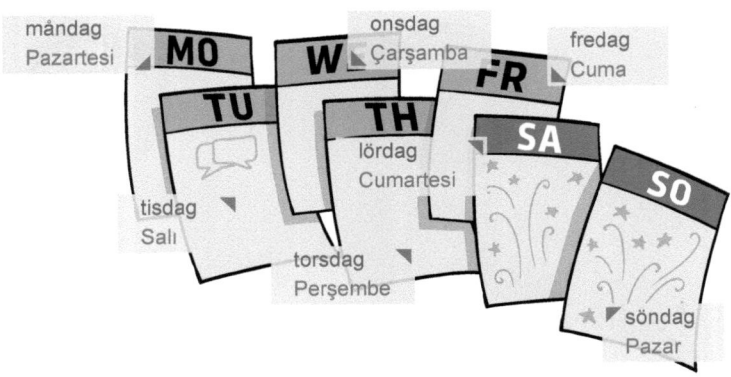

måndag Pazartesi — MO
onsdag Çarşamba — W
fredag Cuma — FR
TU
TH
SA
lördag Cumartesi
tisdag Salı
torsdag Perşembe
SO
söndag Pazar

igår
dün

idag
bugün

imorgon
yarın

morgon
sabah

middag
öğle

kväll
akşam

vardagar
iş günleri

helg
hafta sonu

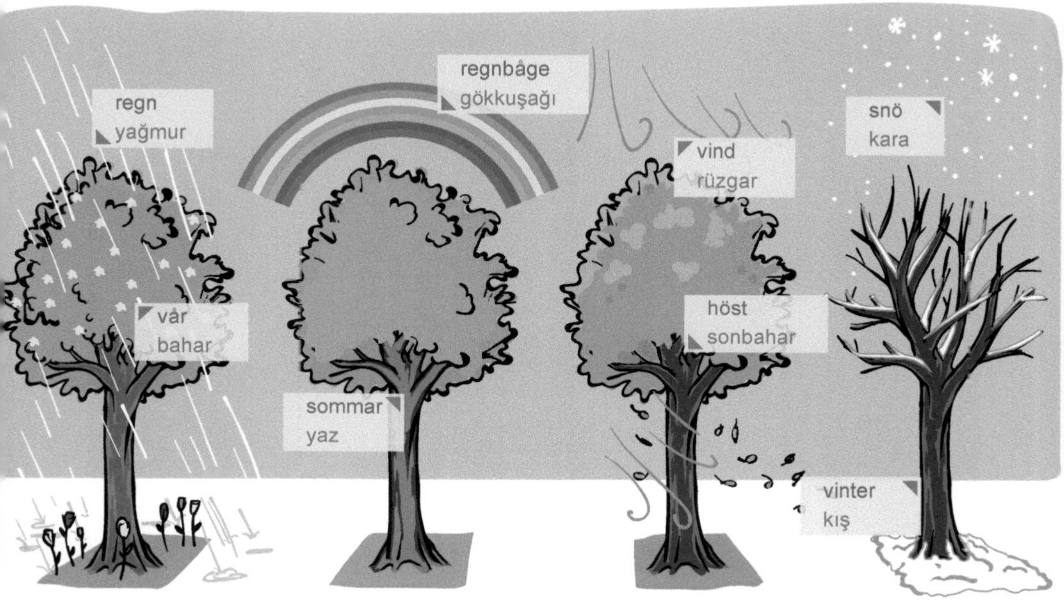

regn
yağmur
regnbåge
gökkuşağı
snö
kara
vind
rüzgar
vår
bahar
höst
sonbahar
sommar
yaz
vinter
kış


4.APRIL 11°
5.APRIL 4°
6.APRIL 13°
7.APRIL 8°
8.APRIL 10°


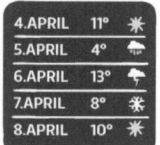

väderprognos

hava durumu tahmini

F C
120 90 60 30 0 -30
40 30 20 10 0 -10 -20


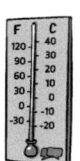

termometer

termometre

solsken

güneş ışığı

moln

bulut

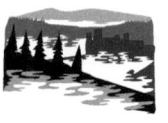

dimma

sis

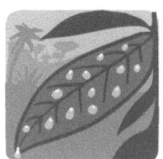

luftfuktighet

nem

blixt

şimşek

åska

gök gürültüsü

storm

fırtına

hagel

dolu

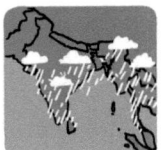

monsun

muson

översvämning

sel

is

buz

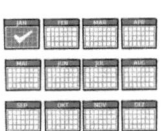

januari

Ocak

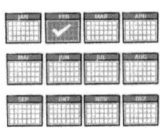

februari

Şubat

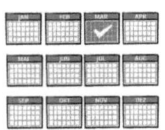

mars

Mart

april

Nisan

maj

Mayıs

juni

Haziran

juli

Temmuz

augusti

Ağustos

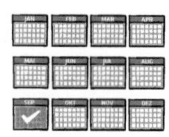

september
...............
Eylül

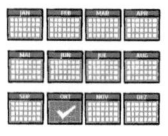

oktober
...............
Ekim

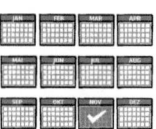

november
...............
Kasım

december
...............
Aralık

# former

## şekiller

cirkel
...............
daire

kvadrat
...............
kare

rektangel
...............
dikdörtgen

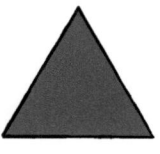

triangel
...............
üçgen

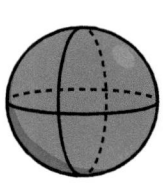

sfär
...............
küre

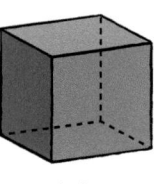

kub
...............
küp

vit

beyaz

gul

sarı

orange

turuncu

rosa

pembe

röd

kırmızı

lila

mor

blå

mavi

grön

yeşil

brun

kahverengi

grå

gri

svart

siyah

mycket / lite

çok / az

arg / lugn

kızgın / sakin

vacker / ful

güzel / çirkin

början / slut

başlangıç / son

stor / liten

büyük / küçük

ljus / mörk

parlak / karanlık

bror / syster

erkek kardeş / kız kardeş

ren / smutsig

temiz / kirli

komplett / ofullständig

tamam / eksik

dag / natt

gün / gece

död / levande

ölü / canlı

bred / smal

geniş / dar

ätlig / oätlig

yenilebilir / yenilemez

ond / god

kötü / iyi

upphetsad / uttråkad

heyecanlı / sıkılmış

tjock / smal

şişman / zayıf

först / sist

ilk / son

vän / fiende

dost / düşman

full / tom

dolu / boş

hård / mjuk

sert / yumuşak

tung / lätt

ağır / hafif

hunger / törst

açlık / susuzluk

sjuk / frisk

hasta / sağlıklı

olaglig / laglig

yasa dışı / yasal

intelligent / dum

zeki / aptal

vänster / höger

sol / sağ

nära / långt bort

yakın / uzak

motsatser - zıt anlamlılar

ny / begagnad

yeni / kullanılmış

inget / något

hiçbir şey / bir şey

gammal / ung

yaşlı / genç

på / av

açma / kapama

öppen / stängd

açık / kapalı

tyst / högljudd

sessiz / gürültülü

rik / fattig

zengin / fakir

rätt / fel

doğru / yanlış

grov / slät

pürüzlü / düz

ledsen / glad

üzgün / mutlu

kort / lång

kısa / uzun

långsam / snabb

yavaş / hızlı

våt / torr

ıslak / kuru

varm / sval

sıcak / serin

krig / fred

savaş / barış

motsatser - zıt anlamlılar

**0**

noll

sıfır

**1**

ett

bir

**2**

två

iki

**3**

tre

üç

**4**

fyra

dört

**5**

fem

beş

**6**

sex

altı

**7**

sju

yedi

**8**

åtta

sekiz

**9**

nio

dokuz

**10**

tio

on

**11**

elva

on bir

**12**

tolv
on iki

**13**

tretton
on üç

**14**

fjorton
on dört

**15**

femton
on beş

**16**

sexton
on altı

**17**

sjutton
on yedi

**18**

arton
on sekiz

**19**

nitton
on dokuz

**20**

tjugo
yirmi

**100**

hundra
yüz

**1.000**

tusen
bin

**1.000.000**

miljon
milyon

engelska

İngilizce

amerikansk engelska

Amerikan İngilizcesi

kinesisk mandarin

Çince (Mandarin)

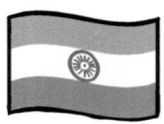

hindi

Hintçe

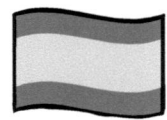

spanska

İspanyolca

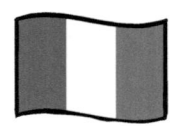

franska

Fransızca

arabiska

Arapça

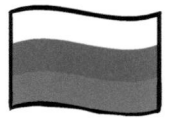

ryska

Rusça

portugisiska

Portekizce

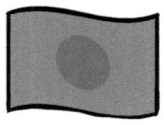

bengali

Bengalce

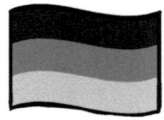

tyska

Almanca

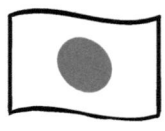

japanska

Japonca

jag
ben

du
sen

han / hon / den (det)
o

vi
biz

ni
siz

de
onlar

vem?
kim?

vad?
ne?

hur?
nasıl?

var?
nerede?

när?
ne zaman?

namn
isim

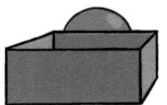

bakom

arkasında

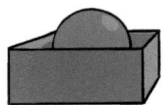

i

içinde

framför

önünde

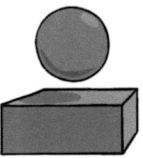

över

üzerinde

på

üstünde

under

altında

bredvid

yanında

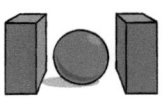

mellan

arasında

plats

yer